Sacred Serpents Tarot

Sacred Serpents Tarot

Matthew Petchinsky

Welcome to the Sacred Serpents Tarot!

I am delighted to present you with this comprehensive guide to the Sacred Serpents Tarot, designed to enhance your understanding and connection with each card in the deck. To cater to our diverse community of tarot enthusiasts, we have included translations for each card in Spanish, German, English, and French. This multilingual approach ensures that you can explore the wisdom and insights of the Sacred Serpents Tarot in the language that resonates most with you.

Whether you are a seasoned tarot reader or a curious beginner, we hope this manual will be a valuable companion on your tarot journey, providing clarity, inspiration, and deeper insights into the mysteries of the Sacred Serpents. I created this tarot set for you, you will feel a sense of deep connection with these cards.

Order your cards separately by scanning the QR code or at https://www.makeplayingcards.com/sell/marketplace/sacred-serpents-2.html

Blessings and enlightened readings,
Matthew Petchinsky

Sacred Serpent Tarot

Major Arcana (22 Cards)

1. The Fool - Ouroboros

- Description: The Ouroboros, a serpent eating its own tail, represents the cycle of life, death, and rebirth. It signifies new beginnings and the infinite loop of existence.
- Keywords: Beginnings, innocence, spontaneity, a leap of faith.

2. The Magician - Naga

- Description: The Naga, a powerful serpent deity, symbolizes mastery, transformation, and the ability to harness spiritual and earthly powers.
- Keywords: Manifestation, resourcefulness, power, inspired action.

3. The High Priestess - Quetzalcoatl

- Description: Quetzalcoatl, the feathered serpent god, represents wisdom, mystery, and the subconscious mind.
- Keywords: Intuition, unconscious knowledge, secrets, divine feminine.

4. The Empress - Rainbow Serpent

- Description: The Rainbow Serpent, a creator deity in Aboriginal mythology, symbolizes fertility, abundance, and the nurturing aspect of nature.
- Keywords: Fertility, nature, abundance, maternal care.

5. The Emperor - Jörmungandr

- Description: Jörmungandr, the Midgard Serpent, represents authority, structure, and the balancing force between chaos and order.
- Keywords: Authority, structure, control, father figure.

6.The Hierophant - Gorgon

- Description: The Gorgon, a mythical serpent-haired creature, signifies tradition, spiritual authority, and the link between the divine and the mortal.
- Keywords: Tradition, conformity, morality, spiritual guidance.

7.The Lovers - Amphisbaena

- Description: The Amphisbaena, a serpent with a head at each end, symbolizes duality, union, and the interconnectedness of opposites.
- Keywords: Love, union, relationships, choices.

8.The Chariot - Hydra

- Description: The Hydra, a multi-headed serpent, represents determination, victory, and overcoming obstacles through resilience.
- Keywords: Victory, willpower, determination, overcoming challenges.

9.Strength - Basilisk

- Description: The Basilisk, a serpent with a lethal gaze, symbolizes inner strength, courage, and the power to face fears.
- Keywords: Courage, strength, control, patience.

10.The Hermit - Seraphim

- ° Description: The Seraphim, fiery serpents in biblical texts, represent introspection, spiritual enlightenment, and the search for inner truth.
- ° Keywords: Introspection, solitude, wisdom, inner guidance.

11.Wheel of Fortune - Ananta

- ° Description: Ananta, the infinite serpent, signifies the cyclical nature of life and the ever-turning wheel of fate.
- ° Keywords: Change, cycles, fate, destiny.

12.Justice - Níðhöggr

- ° Description: Níðhöggr, the serpent gnawing at the roots of Yggdrasil, represents balance, justice, and the consequences of actions.
- ° Keywords: Justice, fairness, truth, law.

13.The Hanged Man - Ketu

- ° Description: Ketu, the tail of the celestial serpent Rahu-Ketu, symbolizes sacrifice, enlightenment, and new perspectives.
- ° Keywords: Suspension, sacrifice, letting go, new perspectives.

14.Death - Nehebkau

- ◦ Description: Nehebkau, the embodiment of chaos and darkness, represents transformation, endings, and the cycle of destruction and rebirth.
- ◦ Keywords: Endings, transformation, change, transition.

15.Temperance - Wadjet

- ◦ Description: Wadjet, the protective cobra goddess, signifies balance, harmony, and the blending of opposites.
- ◦ Keywords: Balance, moderation, harmony, patience.

16.The Devil - Typhon

- ◦ Description: Typhon, the monstrous serpent god, represents bondage, temptation, and the darker aspects of human nature.
- ◦ Keywords: Bondage, addiction, materialism, shadow self.

17.The Tower - Leviathan

- ◦ Description: Leviathan, the sea serpent of chaos, signifies sudden upheaval, destruction, and the breaking down of old structures.
- ◦ Keywords: Upheaval, chaos, revelation, awakening.

18.The Star - Nagini

- ◦ Description: Nagini, a mythical serpent from Eastern mythology, symbolizes hope, inspiration, and the guidance of the divine.
- ◦ Keywords: Hope, inspiration, serenity, faith.

19. The Moon - Apophis

- ◦ Description: Apophis, represents intuition, dreams, and the hidden realms of the subconscious.
- ◦ Keywords: Illusion, fear, anxiety, subconscious.

20. The Sun - Aido-Hwedo

- ◦ Description: Aido-Hwedo, the rainbow serpent of creation, signifies joy, vitality, and the life-giving energy of the sun.
- ◦ Keywords: Joy, success, vitality, positivity.

21. Judgement - Shesha

- ◦ Description: Shesha, the cosmic serpent supporting the universe, represents resurrection, inner calling, and the final judgment.
- ◦ Keywords: Rebirth, judgment, inner calling, absolution.

22. The World - Tiamat

- ◦ Description: Tiamat, the primordial serpent goddess, symbolizes completion, unity, and the culmination of all cycles.
- ◦ Keywords: Completion, accomplishment, travel, integration.

Minor Arcana (56 Cards)

Suit of Wands (Fire)

Theme: Action, inspiration, and creativity.

1. **Ace of Wands - Fire Serpent**
   - Description: Represents new beginnings and creative inspiration, igniting the spark of potential.
   - Keywords: Inspiration, new beginnings, potential.
2. **Two of Wands - Twin Serpents**
   - Description: Depicts two intertwined serpents, symbolizing planning and decisions.
   - Keywords: Planning, decisions, progress.
3. **Three of Wands - Solar Serpent**
   - Description: A serpent basking in the sun, representing expansion and foresight.
   - Keywords: Expansion, foresight, opportunities.
4. **Four of Wands - Salamander Serpent**
   - Description: Salamander Serpents celebrating, symbolizing harmony and celebrations.
   - Keywords: Harmony, celebration, homecoming.
5. **Five of Wands - Battling Serpents**
   - Description: Five serpents in conflict, representing competition and strife.
   - Keywords: Competition, conflict, tension.
6. **Six of Wands - Victorious Serpent**
   - Description: A serpent adorned with laurels, symbolizing victory and recognition.
   - Keywords: Victory, recognition, success.

7. **Seven of Wands - Defiant Serpent**
   - Description: A serpent standing its ground, representing defense and resilience.
   - Keywords: Defense, resilience, challenge.

8. **Eight of Wands - Swift Serpents**
   - Description: Eight serpents moving swiftly, symbolizing rapid action and movement.
   - Keywords: Speed, action, progress.

9. **Nine of Wands - Wounded Serpent**
   - Description: A serpent with scars, representing persistence and resilience.
   - Keywords: Resilience, persistence, defense.

10. **Ten of Wands - Burdened Serpent**
    - Description: A serpent carrying heavy burdens, symbolizing responsibility and stress.
    - Keywords: Burden, responsibility, exhaustion.

11. **Page of Wands - Young Serpent**
    - Description: A young, curious serpent, symbolizing enthusiasm and discovery.
    - Keywords: Enthusiasm, discovery, potential.

12. **Knight of Wands - Fiery Serpent**
    - Description: A serpent with flames, representing action and adventure.
    - Keywords: Action, adventure, courage.

13. **Queen of Wands - Regal Serpent**
    - Description: A serpent with a crown, symbolizing confidence and determination.
    - Keywords: Confidence, determination, leadership.

14. **King of Wands - Sovereign Serpent**
    - Description: A majestic serpent, representing authority and vision.
    - Keywords: Authority, vision, leadership.

Suit of Cups (Water)

Theme: Emotions, relationships, and intuition.

1. **Ace of Cups - Water Serpent**
   - Description: A serpent emerging from a cup, symbolizing new emotional beginnings.
   - Keywords: New emotions, intuition, beginnings.
2. **Two of Cups - Serpentine Lovers**
   - Description: Two serpents entwined, representing union and partnerships.
   - Keywords: Union, partnership, harmony.
3. **Three of Cups - Celebrating Serpents**
   - Description: Three serpents in a joyful dance, symbolizing friendship and celebration.
   - Keywords: Celebration, friendship, joy.
4. **Four of Cups - Contemplative Serpent**
   - Description: A serpent in deep thought, representing introspection and discontent.
   - Keywords: Contemplation, discontent, apathy.
5. **Five of Cups - Mourning Serpent**
   - Description: A serpent in mourning, symbolizing loss and grief.
   - Keywords: Loss, grief, sorrow.
6. **Six of Cups - Nostalgic Serpent**
   - Description: A serpent with a playful demeanor, representing nostalgia and memories.
   - Keywords: Nostalgia, memories, innocence.
7. **Seven of Cups - Dreaming Serpent**
   - Description: A serpent surrounded by dreamlike images, symbolizing choices and illusions.
   - Keywords: Choices, illusions, dreams.

8.Eight of Cups - Departing Serpent

- ○ Description: A serpent leaving its home, representing abandonment and new directions.
- ○ Keywords: Departure, change, quest.

9.Nine of Cups - Satisfied Serpent

- ○ Description: A content serpent surrounded by cups, symbolizing satisfaction and fulfillment.
- ○ Keywords: Satisfaction, fulfillment, wishes.

10.Ten of Cups - Harmonious Serpents

- ○ Description: A family of serpents, symbolizing happiness and emotional fulfillment.
- ○ Keywords: Happiness, fulfillment, harmony.

11.Page of Cups - Dreamer Serpent

- ○ Description: A serpent with a dreamy expression, representing creativity and intuition.
- ○ Keywords: Creativity, intuition, curiosity.

12.Knight of Cups - Questing Serpent

- ○ Description: A serpent on a journey, symbolizing romance and idealism.
- ○ Keywords: Romance, idealism, quest.

13.Queen of Cups - Compassionate Serpent

- ◦ Description: A nurturing serpent, representing empathy and emotional depth.
- ◦ Keywords: Empathy, compassion, intuition.

14.King of Cups - Wise Serpent

- ◦ Description: A serpent with a calm demeanor, symbolizing emotional balance and wisdom.
- ◦ Keywords: Emotional balance, wisdom, diplomacy.

Suit of Swords (Air)

Theme: Intellect, conflict, and challenges.

1. **Ace of Swords - Wind Serpent**
   - Description: A serpent slicing through the air, symbolizing clarity and new ideas.
   - Keywords: Clarity, ideas, breakthroughs.
2. **Two of Swords - Balanced Serpent**
   - Description: A serpent in a balanced stance, representing decisions and stalemates.
   - Keywords: Decisions, stalemate, balance.
3. **Three of Swords - Heartbroken Serpent**
   - Description: A serpent pierced by three swords, symbolizing heartbreak and sorrow.
   - Keywords: Heartbreak, sorrow, grief.
4. **Four of Swords - Resting Serpent**
   - Description: A serpent in repose, representing rest and recovery.
   - Keywords: Rest, recovery, meditation.
5. **Five of Swords - Defeated Serpent**
   - Description: A serpent in defeat, symbolizing conflict and loss.
   - Keywords: Conflict, loss, defeat.
6. **Six of Swords - Journeying Serpent**
   - Description: A serpent on a boat, representing transition and change.
   - Keywords: Transition, change, journey.
7. **Seven of Swords - Cunning Serpent**
   - Description: A sly serpent, symbolizing deception and strategy.
   - Keywords: Deception, strategy, cunning.

8.Eight of Swords - Bound Serpent

- Description: A serpent wrapped in bonds, representing restriction and limitations.
- Keywords: Restriction, limitations, entrapment.

9.Nine of Swords - Anxious Serpent

- Description: A serpent surrounded by shadows, symbolizing anxiety and nightmares.
- Keywords: Anxiety, nightmares, despair.

10.Ten of Swords - Fallen Serpent

- Description: A serpent pierced by ten swords, symbolizing betrayal and endings.
- Keywords: Betrayal, endings, defeat.

11.Page of Swords - Vigilant Serpent

- Description: A watchful serpent, representing curiosity and alertness.
- Keywords: Curiosity, vigilance, intellect.

12.Knight of Swords - Swift Serpent

- Description: A serpent in swift motion, symbolizing action and determination.
- Keywords: Action, determination, bravery.

13.Queen of Swords - Sharp Serpent

- Description: A sharp-eyed serpent, representing perception and independence.
- Keywords: Perception, independence, clarity.

14.King of Swords - Just Serpent

- Description: A regal serpent, symbolizing authority and intellect.
- Keywords: Authority, intellect, truth.

Suit of Pentacles (Earth)

Theme: Material aspects, stability, and prosperity.

1. **Ace of Pentacles - Earth Serpent**
   - Description: A serpent emerging from the earth, symbolizing new opportunities and material beginnings.
   - Keywords: Opportunity, prosperity, new beginnings.
2. **Two of Pentacles - Balancing Serpent**
   - Description: A serpent balancing two pentacles, representing balance and adaptability.
   - Keywords: Balance, adaptability, multitasking.
3. **Three of Pentacles - Collaborative Serpents**
   - Description: Three serpents working together, symbolizing teamwork and collaboration.
   - Keywords: Teamwork, collaboration, skill.
4. **Four of Pentacles - Guarding Serpent**
   - Description: A serpent guarding its treasure, representing security and control.
   - Keywords: Security, control, possession.
5. **Five of Pentacles - Struggling Serpent**
   - Description: A serpent in a desolate landscape, symbolizing hardship and loss.
   - Keywords: Hardship, loss, struggle.
6. **Six of Pentacles - Generous Serpent**
   - Description: A serpent sharing its wealth, representing generosity and charity.
   - Keywords: Generosity, charity, sharing.
7. **Seven of Pentacles - Patient Serpent**
   - Description: A serpent watching its garden grow, symbolizing patience and perseverance.
   - Keywords: Patience, perseverance, assessment.

8.Eight of Pentacles - Diligent Serpent

- ° Description: A serpent diligently crafting, representing skill and hard work.
- ° Keywords: Skill, diligence, craftsmanship.

9.Nine of Pentacles - Abundant Serpent

- ° Description: A serpent in a lush garden, symbolizing self-sufficiency and luxury.
- ° Keywords: Self-sufficiency, luxury, accomplishment.

10.Ten of Pentacles - Legacy Serpents

- ° Description: A family of serpents, symbolizing legacy and long-term success.
- ° Keywords: Legacy, success, family.

11.Page of Pentacles - Studious Serpent

- ° Description: A young serpent studying a pentacle, representing ambition and learning.
- ° Keywords: Ambition, learning, opportunity.

12.Knight of Pentacles - Reliable Serpent

- ° Description: A serpent steadily moving forward, symbolizing reliability and persistence.
- ° Keywords: Reliability, persistence, hard work.

13. Queen of Pentacles - Nurturing Serpent

- ◦ Description: A nurturing serpent, representing practicality and care.
- ◦ Keywords: Practicality, care, nurturing.

14. King of Pentacles - Prosperous Serpent

- ◦ Description: A prosperous serpent, symbolizing wealth and stability.
- ◦ Keywords: Wealth, stability, leadership.

<u>**Spanish Edition**</u>
Arcano Mayor (22 Cartas)

1. El Loco - Ouroboros

- Descripción: El Ouroboros, un serpiente que se muerde la cola, representa el ciclo de vida, muerte y renacimiento. Significa nuevos comienzos y el ciclo infinito de la existencia.
- Palabras clave: Comienzos, inocencia, espontaneidad, un salto de fe.

2.El Mago - Naga

- Descripción: El Naga, una poderosa deidad serpiente, simboliza maestría, transformación y la capacidad de dominar poderes espirituales y terrenales.
- Palabras clave: Manifestación, ingenio, poder, acción inspirada.

3.La Sacerdotisa - Quetzalcoatl

- Descripción: Quetzalcoatl, el dios serpiente emplumado, representa sabiduría, misterio y la mente subconsciente.
- Palabras clave: Intuición, conocimiento inconsciente, secretos, divino femenino.

4.La Emperatriz - Serpiente Arcoíris

- Descripción: La Serpiente Arcoíris, una deidad creadora en la mitología aborigen, simboliza fertilidad, abundancia y el aspecto nutritivo de la naturaleza.
- Palabras clave: Fertilidad, naturaleza, abundancia, cuidado maternal.

5.El Emperador - Jörmungandr

- Descripción: Jörmungandr, la Serpiente de Midgard, representa autoridad, estructura y la fuerza equilibrante entre el caos y el orden.
- Palabras clave: Autoridad, estructura, control, figura paterna.

6.El Hierofante - Gorgona

- Descripción: La Gorgona, una criatura mítica con cabello de serpientes, significa tradición, autoridad espiritual y el vínculo entre lo divino y lo mortal.
- Palabras clave: Tradición, conformidad, moralidad, guía espiritual.

7.Los Enamorados - Anfisbena

- Descripción: La Anfisbena, una serpiente con una cabeza en cada extremo, simboliza dualidad, unión y la interconexión de los opuestos.
- Palabras clave: Amor, unión, relaciones, elecciones.

8.El Carro - Hidra

- Descripción: La Hidra, una serpiente de múltiples cabezas, representa determinación, victoria y superar obstáculos a través de la resiliencia.
- Palabras clave: Victoria, fuerza de voluntad, determinación, superación de desafíos.

9.La Fuerza - Basilisco

- Descripción: El Basilisco, una serpiente con una mirada letal, simboliza fuerza interior, coraje y el poder de enfrentar miedos.
- Palabras clave: Coraje, fuerza, control, paciencia.

10.El Ermitaño - Serafín

- Descripción: Los Serafines, serpientes ardientes en textos bíblicos, representan introspección, iluminación espiritual y la búsqueda de la verdad interior.
- Palabras clave: Introspección, soledad, sabiduría, guía interior.

11.La Rueda de la Fortuna - Ananta

- Descripción: Ananta, la serpiente infinita, significa la naturaleza cíclica de la vida y la rueda del destino que siempre gira.
- Palabras clave: Cambio, ciclos, destino, fortuna.

12.La Justicia - Níðhöggr

- Descripción: Níðhöggr, la serpiente que roe las raíces de Yggdrasil, representa equilibrio, justicia y las consecuencias de las acciones.
- Palabras clave: Justicia, equidad, verdad, ley.

13. El Colgado - Ketu

- Descripción: Ketu, la cola de la serpiente celestial Rahu-Ketu, simboliza sacrificio, iluminación y nuevas perspectivas.
- Palabras clave: Suspensión, sacrificio, dejar ir, nuevas perspectivas.

14. La Muerte - Nehebkau

- Descripción: Nehebkau, la encarnación del caos y la oscuridad, representa transformación, finales y el ciclo de destrucción y renacimiento.
- Palabras clave: Finales, transformación, cambio, transición.

15. La Templanza - Wadjet

- Descripción: Wadjet, la diosa cobra protectora, significa equilibrio, armonía y la mezcla de opuestos.
- Palabras clave: Equilibrio, moderación, armonía, paciencia.

16. El Diablo - Tifón

- Descripción: Tifón, el dios serpiente monstruoso, representa esclavitud, tentación y los aspectos oscuros de la naturaleza humana.
- Palabras clave: Esclavitud, adicción, materialismo, yo oscuro.

17. La Torre - Leviatán

- ° Descripción: Leviatán, la serpiente marina del caos, significa una súbita agitación, destrucción y la ruptura de viejas estructuras.
- ° Palabras clave: Agitación, caos, revelación, despertar.

18. La Estrella - Nagini

- ° Descripción: Nagini, una serpiente mítica de la mitología oriental, simboliza esperanza, inspiración y la guía divina.
- ° Palabras clave: Esperanza, inspiración, serenidad, fe.

19. La Luna - Apofis

- ° Descripción: Apofis, representa intuición, sueños y los reinos ocultos del subconsciente.
- ° Palabras clave: Ilusión, miedo, ansiedad, subconsciente.

20. El Sol - Aido-Hwedo

- ° Descripción: Aido-Hwedo, la serpiente arcoíris de la creación, significa alegría, vitalidad y la energía vital del sol.
- ° Palabras clave: Alegría, éxito, vitalidad, positividad.

21. El Juicio - Shesha

- ° Descripción: Shesha, la serpiente cósmica que sostiene el universo, representa resurrección, llamado interior y el juicio final.
- ° Palabras clave: Renacimiento, juicio, llamado interior, absolución.

22. El Mundo - Tiamat

- ◦ Descripción: Tiamat, la diosa serpiente primordial, simboliza culminación, unidad y la culminación de todos los ciclos.
- ◦ Palabras clave: Culminación, logro, viaje, integración.

Arcanos Menores (56 Cartas)

Palo de Bastos (Fuego) Tema: Acción, inspiración y creatividad.

1. As de Bastos - Serpiente de Fuego

- Descripción: Representa nuevos comienzos e inspiración creativa, encendiendo la chispa del potencial.
- Palabras clave: Inspiración, nuevos comienzos, potencial.

2.Dos de Bastos - Serpientes Gemelas

- Descripción: Representa dos serpientes entrelazadas, simbolizando planificación y decisiones.
- Palabras clave: Planificación, decisiones, progreso.

3.Tres de Bastos - Serpiente Solar

- Descripción: Una serpiente disfrutando del sol, representando expansión y previsión.
- Palabras clave: Expansión, previsión, oportunidades.

4.Cuatro de Bastos - Serpiente Salamandra

- Descripción: Serpientes Salamandra celebrando, simbolizando armonía y celebraciones.
- Palabras clave: Armonía, celebración, regreso a casa.

5.Cinco de Bastos - Serpientes en Batalla

- Descripción: Cinco serpientes en conflicto, representando competencia y lucha.
- Palabras clave: Competencia, conflicto, tensión.

6.Seis de Bastos - Serpiente Victoriosa

- Descripción: Una serpiente adornada con laureles, simbolizando victoria y reconocimiento.
- Palabras clave: Victoria, reconocimiento, éxito.

7.Siete de Bastos - Serpiente Desafiante

- Descripción: Una serpiente defendiendo su posición, representando defensa y resistencia.
- Palabras clave: Defensa, resistencia, desafío.

8.Ocho de Bastos - Serpientes Rápidas

- Descripción: Ocho serpientes moviéndose rápidamente, simbolizando acción rápida y movimiento.
- Palabras clave: Velocidad, acción, progreso.

9.Nueve de Bastos - Serpiente Herida

- Descripción: Una serpiente con cicatrices, representando persistencia y resiliencia.
- Palabras clave: Resiliencia, persistencia, defensa.

10.Diez de Bastos - Serpiente Cargada

- ◦ Descripción: Una serpiente cargando pesadas cargas, simbolizando responsabilidad y estrés.
- ◦ Palabras clave: Carga, responsabilidad, agotamiento.

11.Sota de Bastos - Serpiente Joven

- ◦ Descripción: Una joven serpiente curiosa, simbolizando entusiasmo y descubrimiento.
- ◦ Palabras clave: Entusiasmo, descubrimiento, potencial.

12.Caballero de Bastos - Serpiente Ardiente

- ◦ Descripción: Una serpiente con llamas, representando acción y aventura.
- ◦ Palabras clave: Acción, aventura, coraje.

13.Reina de Bastos - Serpiente Regia

- ◦ Descripción: Una serpiente con una corona, simbolizando confianza y determinación.
- ◦ Palabras clave: Confianza, determinación, liderazgo.

14.Rey de Bastos - Serpiente Soberana

- ◦ Descripción: Una majestuosa serpiente, representando autoridad y visión.
- ◦ Palabras clave: Autoridad, visión, liderazgo.

Palo de Copas (Agua) Tema: Emociones, relaciones e intuición.

1. As de Copas - Serpiente de Agua

- Descripción: Una serpiente emergiendo de una copa, simbolizando nuevos comienzos emocionales.
- Palabras clave: Nuevas emociones, intuición, comienzos.

2. Dos de Copas - Amantes Serpenteantes

- Descripción: Dos serpientes entrelazadas, representando unión y asociaciones.
- Palabras clave: Unión, asociación, armonía.

3. Tres de Copas - Serpientes Celebrantes

- Descripción: Tres serpientes en una danza alegre, simbolizando amistad y celebración.
- Palabras clave: Celebración, amistad, alegría.

4. Cuatro de Copas - Serpiente Contemplativa

- Descripción: Una serpiente en profunda reflexión, representando introspección y descontento.
- Palabras clave: Contemplación, descontento, apatía.

5. Cinco de Copas - Serpiente de Luto

- Descripción: Una serpiente de luto, simbolizando pérdida y dolor.
- Palabras clave: Pérdida, dolor, tristeza.

6. Seis de Copas - Serpiente Nostálgica

- Descripción: Una serpiente con un comportamiento juguetón, representando nostalgia y recuerdos.
- Palabras clave: Nostalgia, recuerdos, inocencia.

7. Siete de Copas - Serpiente Soñadora

- Descripción: Una serpiente rodeada de imágenes oníricas, simbolizando opciones e ilusiones.
- Palabras clave: Opciones, ilusiones, sueños.

8. Ocho de Copas - Serpiente Partida

- Descripción: Una serpiente dejando su hogar, representando abandono y nuevas direcciones.
- Palabras clave: Partida, cambio, búsqueda.

9. Nueve de Copas - Serpiente Satisfecha

- Descripción: Una serpiente contenta rodeada de copas, simbolizando satisfacción y realización.
- Palabras clave: Satisfacción, realización, deseos.

10. **Diez de Copas - Serpientes Armoniosas**

   - Descripción: Una familia de serpientes, simbolizando felicidad y realización emocional.
   - Palabras clave: Felicidad, realización, armonía.

11. **Sota de Copas - Serpiente Soñadora**

   - Descripción: Una serpiente con una expresión soñadora, representando creatividad e intuición.
   - Palabras clave: Creatividad, intuición, curiosidad.

12. **Caballero de Copas - Serpiente en Búsqueda**

   - Descripción: Una serpiente en un viaje, simbolizando romance e idealismo.
   - Palabras clave: Romance, idealismo, búsqueda.

13. **Reina de Copas - Serpiente Compasiva**

   - Descripción: Una serpiente maternal, representando empatía y profundidad emocional.
   - Palabras clave: Empatía, compasión, intuición.

14. **Rey de Copas - Serpiente Sabia**

   - Descripción: Una serpiente con un comportamiento calmado, simbolizando equilibrio emocional y sabiduría.
   - Palabras clave: Equilibrio emocional, sabiduría, diplomacia.

Palo de Espadas (Aire) Tema: Intelecto, conflicto y desafíos.

1. As de Espadas - Serpiente de Viento

- Descripción: Una serpiente cortando el aire, simbolizando claridad y nuevas ideas.
- Palabras clave: Claridad, ideas, descubrimientos.

2.Dos de Espadas - Serpiente Equilibrada

- Descripción: Una serpiente en una postura equilibrada, representando decisiones y estancamientos.
- Palabras clave: Decisiones, estancamiento, equilibrio.

3.Tres de Espadas - Serpiente con el Corazón Roto

- Descripción: Una serpiente atravesada por tres espadas, simbolizando desamor y tristeza.
- Palabras clave: Desamor, tristeza, pena.

4.Cuatro de Espadas - Serpiente Descansando

- Descripción: Una serpiente en reposo, representando descanso y recuperación.
- Palabras clave: Descanso, recuperación, meditación.

5.Cinco de Espadas - Serpiente Derrotada

- Descripción: Una serpiente en derrota, simbolizando conflicto y pérdida.
- Palabras clave: Conflicto, pérdida, derrota.

6.Seis de Espadas - Serpiente en Viaje

- Descripción: Una serpiente en un bote, representando transición y cambio.
- Palabras clave: Transición, cambio, viaje.

7.Siete de Espadas - Serpiente Astuta

- Descripción: Una serpiente astuta, simbolizando engaño y estrategia.
- Palabras clave: Engaño, estrategia, astucia.

8.Ocho de Espadas - Serpiente Atada

- Descripción: Una serpiente envuelta en ataduras, representando restricción y limitaciones.
- Palabras clave: Restricción, limitaciones, confinamiento.

9.Nueve de Espadas - Serpiente Ansiosa

- Descripción: Una serpiente rodeada de sombras, simbolizando ansiedad y pesadillas.
- Palabras clave: Ansiedad, pesadillas, desesperación.

10.Diez de Espadas - Serpiente Caída

- Descripción: Una serpiente atravesada por diez espadas, simbolizando traición y finales.
- Palabras clave: Traición, finales, derrota.

11.Sota de Espadas - Serpiente Vigilante

- ◦ Descripción: Una serpiente vigilante, representando curiosidad y alerta.
- ◦ Palabras clave: Curiosidad, vigilancia, intelecto.

12.Caballero de Espadas - Serpiente Rápida

- ◦ Descripción: Una serpiente en rápido movimiento, simbolizando acción y determinación.
- ◦ Palabras clave: Acción, determinación, valentía.

13.Reina de Espadas - Serpiente Aguda

- ◦ Descripción: Una serpiente con ojos agudos, representando percepción e independencia.
- ◦ Palabras clave: Percepción, independencia, claridad.

14.Rey de Espadas - Serpiente Justa

- ◦ Descripción: Una serpiente regia, simbolizando autoridad e intelecto.
- ◦ Palabras clave: Autoridad, intelecto, verdad.

Palo de Oros (Tierra) Tema: Aspectos materiales, estabilidad y prosperidad.

1. As de Oros - Serpiente de Tierra

- Descripción: Una serpiente emergiendo de la tierra, simbolizando nuevas oportunidades y comienzos materiales.
- Palabras clave: Oportunidad, prosperidad, nuevos comienzos.

2. Dos de Oros - Serpiente Equilibrante

- Descripción: Una serpiente equilibrando dos oros, representando equilibrio y adaptabilidad.
- Palabras clave: Equilibrio, adaptabilidad, multitarea.

3. Tres de Oros - Serpientes Colaborativas

- Descripción: Tres serpientes trabajando juntas, simbolizando trabajo en equipo y colaboración.
- Palabras clave: Trabajo en equipo, colaboración, habilidad.

4. Cuatro de Oros - Serpiente Guardiana

- Descripción: Una serpiente guardando su tesoro, representando seguridad y control.
- Palabras clave: Seguridad, control, posesión.

5. Cinco de Oros - Serpiente Luchadora

- Descripción: Una serpiente en un paisaje desolado, simbolizando dificultades y pérdidas.
- Palabras clave: Dificultad, pérdida, lucha.

6.Seis de Oros - Serpiente Generosa

- Descripción: Una serpiente compartiendo su riqueza, representando generosidad y caridad.
- Palabras clave: Generosidad, caridad, compartir.

7.Siete de Oros - Serpiente Paciente

- Descripción: Una serpiente observando su jardín crecer, simbolizando paciencia y perseverancia.
- Palabras clave: Paciencia, perseverancia, evaluación.

8.Ocho de Oros - Serpiente Diligente

- Descripción: Una serpiente trabajando diligentemente, representando habilidad y trabajo duro.
- Palabras clave: Habilidad, diligencia, artesanía.

9.Nueve de Oros - Serpiente Abundante

- Descripción: Una serpiente en un jardín exuberante, simbolizando autosuficiencia y lujo.
- Palabras clave: Autosuficiencia, lujo, logro.

10.Diez de Oros - Serpientes de Legado

- Descripción: Una familia de serpientes, simbolizando legado y éxito a largo plazo.
- Palabras clave: Legado, éxito, familia.

11.Sota de Oros - Serpiente Estudiosa

- ◦ Descripción: Una joven serpiente estudiando un oro, representando ambición y aprendizaje.
- ◦ Palabras clave: Ambición, aprendizaje, oportunidad.

12.Caballero de Oros - Serpiente Fiable

- ◦ Descripción: Una serpiente avanzando de manera constante, simbolizando fiabilidad y persistencia.
- ◦ Palabras clave: Fiabilidad, persistencia, trabajo duro.

13.Reina de Oros - Serpiente Nutridora

- ◦ Descripción: Una serpiente nutridora, representando practicidad y cuidado.
- ◦ Palabras clave: Practicidad, cuidado, nutrición.

14.Rey de Oros - Serpiente Próspera

- ◦ Descripción: Una serpiente próspera, simbolizando riqueza y estabilidad.
- ◦ Palabras clave: Riqueza, estabilidad, liderazgo.

<u>**German:**</u>

Große Arkana (22 Karten)

1. **Der Narr - Ouroboros**
   - Beschreibung: Der Ouroboros, eine Schlange, die ihren eigenen Schwanz frisst, repräsentiert den Kreislauf von Leben, Tod und Wiedergeburt. Er bedeutet neue Anfänge und die unendliche Schleife der Existenz.
   - Schlüsselwörter: Anfänge, Unschuld, Spontaneität, ein Sprung ins Ungewisse.

2. **Der Magier - Naga**
   - Beschreibung: Der Naga, eine mächtige Schlangengottheit, symbolisiert Meisterschaft, Transformation und die Fähigkeit, spirituelle und weltliche Kräfte zu nutzen.
   - Schlüsselwörter: Manifestation, Einfallsreichtum, Macht, inspirierte Handlung.

3. **Die Hohepriesterin - Quetzalcoatl**
   - Beschreibung: Quetzalcoatl, der gefiederte Schlangengott, repräsentiert Weisheit, Geheimnis und das Unterbewusstsein.
   - Schlüsselwörter: Intuition, unbewusstes Wissen, Geheimnisse, göttliches Weibliches.

4. **Die Kaiserin - Regenbogenschlange**
   - Beschreibung: Die Regenbogenschlange, eine Schöpfergottheit in der Aborigine-Mythologie, symbolisiert Fruchtbarkeit, Fülle und den nährenden Aspekt der Natur.
   - Schlüsselwörter: Fruchtbarkeit, Natur, Fülle, mütterliche Fürsorge.

5.Der Kaiser - Jörmungandr

- Beschreibung: Jörmungandr, die Midgardschlange, repräsentiert Autorität, Struktur und die ausgleichende Kraft zwischen Chaos und Ordnung.
- Schlüsselwörter: Autorität, Struktur, Kontrolle, Vaterfigur.

6.Der Hierophant - Gorgone

- Beschreibung: Die Gorgone, ein mythisches Wesen mit Schlangenhaar, bedeutet Tradition, spirituelle Autorität und die Verbindung zwischen dem Göttlichen und dem Sterblichen.
- Schlüsselwörter: Tradition, Konformität, Moral, spirituelle Führung.

7.Die Liebenden - Amphisbaena

- Beschreibung: Die Amphisbaena, eine Schlange mit einem Kopf an jedem Ende, symbolisiert Dualität, Vereinigung und die Verbundenheit von Gegensätzen.
- Schlüsselwörter: Liebe, Vereinigung, Beziehungen, Entscheidungen.

8.Der Wagen - Hydra

- Beschreibung: Die Hydra, eine mehrköpfige Schlange, repräsentiert Entschlossenheit, Sieg und das Überwinden von Hindernissen durch Resilienz.
- Schlüsselwörter: Sieg, Willenskraft, Entschlossenheit, Herausforderungen überwinden.

9. Die Stärke - Basilisk

- Beschreibung: Der Basilisk, eine Schlange mit einem tödlichen Blick, symbolisiert innere Stärke, Mut und die Macht, Ängsten zu begegnen.
- Schlüsselwörter: Mut, Stärke, Kontrolle, Geduld.

10. Der Eremit - Seraphim

- Beschreibung: Die Seraphim, feurige Schlangen in biblischen Texten, repräsentieren Selbstreflexion, spirituelle Erleuchtung und die Suche nach innerer Wahrheit.
- Schlüsselwörter: Selbstreflexion, Einsamkeit, Weisheit, innere Führung.

11. Das Rad des Schicksals - Ananta

- Beschreibung: Ananta, die unendliche Schlange, bedeutet die zyklische Natur des Lebens und das ewig drehende Rad des Schicksals.
- Schlüsselwörter: Veränderung, Zyklen, Schicksal, Bestimmung.

12. Die Gerechtigkeit - Níðhöggr

- Beschreibung: Níðhöggr, die Schlange, die an den Wurzeln von Yggdrasil nagt, repräsentiert Gleichgewicht, Gerechtigkeit und die Konsequenzen von Handlungen.
- Schlüsselwörter: Gerechtigkeit, Fairness, Wahrheit, Gesetz.

13.Der Gehängte - Ketu

- ◦ Beschreibung: Ketu, der Schwanz der himmlischen Schlange Rahu-Ketu, symbolisiert Opfer, Erleuchtung und neue Perspektiven.
- ◦ Schlüsselwörter: Suspension, Opfer, Loslassen, neue Perspektiven.

14.Der Tod - Nehebkau

- ◦ Beschreibung: Nehebkau, die Verkörperung von Chaos und Dunkelheit, repräsentiert Transformation, Enden und den Kreislauf von Zerstörung und Wiedergeburt.
- ◦ Schlüsselwörter: Enden, Transformation, Veränderung, Übergang.

15.Die Mäßigkeit - Wadjet

- ◦ Beschreibung: Wadjet, die schützende Kobragöttin, bedeutet Gleichgewicht, Harmonie und die Mischung von Gegensätzen.
- ◦ Schlüsselwörter: Gleichgewicht, Mäßigung, Harmonie, Geduld.

16.Der Teufel - Typhon

- ◦ Beschreibung: Typhon, der monströse Schlangengott, repräsentiert Knechtschaft, Versuchung und die dunkleren Aspekte der menschlichen Natur.
- ◦ Schlüsselwörter: Knechtschaft, Sucht, Materialismus, Schatten-Selbst.

17.Der Turm - Leviathan

- ° Beschreibung: Leviathan, die Seeschlange des Chaos, bedeutet plötzliche Umwälzung, Zerstörung und das Zerbrechen alter Strukturen.
- ° Schlüsselwörter: Umwälzung, Chaos, Offenbarung, Erwachen.

18.Der Stern - Nagini

- ° Beschreibung: Nagini, eine mythische Schlange aus der östlichen Mythologie, symbolisiert Hoffnung, Inspiration und die Führung des Göttlichen.
- ° Schlüsselwörter: Hoffnung, Inspiration, Gelassenheit, Glaube.

19.Der Mond - Apophis

- ° Beschreibung: Apophis repräsentiert Intuition, Träume und die verborgenen Bereiche des Unterbewusstseins.
- ° Schlüsselwörter: Illusion, Angst, Angstzustände, Unterbewusstsein.

20.Die Sonne - Aido-Hwedo

- ° Beschreibung: Aido Hwedo, die Regenbogenschlange der Schöpfung, bedeutet Freude, Vitalität und die lebensspendende Energie der Sonne.
- ° Schlüsselwörter: Freude, Erfolg, Vitalität, Positivität.

21. Das Gericht - Shesha

- ◦ Beschreibung: Shesha, die kosmische Schlange, die das Universum stützt, repräsentiert Auferstehung, inneren Ruf und das letzte Gericht.
- ◦ Schlüsselwörter: Wiedergeburt, Gericht, innerer Ruf, Absolution.

22. Die Welt - Tiamat

- ◦ Beschreibung: Tiamat, die urzeitliche Schlangengöttin, symbolisiert Vollendung, Einheit und den Abschluss aller Zyklen.
- ◦ Schlüsselwörter: Vollendung, Leistung, Reise, Integration.

Kleine Arkana (56 Karten)

Stäbe (Feuer) Thema: Aktion, Inspiration und Kreativität.

1. Ass der Stäbe - Feuerschlange

- Beschreibung: Repräsentiert neue Anfänge und kreative Inspiration, die den Funken des Potentials entzünden.
- Schlüsselwörter: Inspiration, neue Anfänge, Potential.

2.Zwei der Stäbe - Zwillingsschlangen

- Beschreibung: Zeigt zwei ineinander verschlungene Schlangen, die Planung und Entscheidungen symbolisieren.
- Schlüsselwörter: Planung, Entscheidungen, Fortschritt.

3.Drei der Stäbe - Sonnenschlange

- Beschreibung: Eine Schlange, die sich in der Sonne aalt, und Expansion und Weitsicht repräsentiert.
- Schlüsselwörter: Expansion, Weitsicht, Chancen.

4.Vier der Stäbe - Salamanderschlange

- Beschreibung: Salamanderschlangen, die feiern, und Harmonie und Feierlichkeiten symbolisieren.
- Schlüsselwörter: Harmonie, Feier, Heimkehr.

5.Fünf der Stäbe - Kämpfende Schlangen

- Beschreibung: Fünf Schlangen im Konflikt, die Wettbewerb und Streit repräsentieren.
- Schlüsselwörter: Wettbewerb, Konflikt, Spannung.

6.Sechs der Stäbe - Siegreiche Schlange

- Beschreibung: Eine mit Lorbeeren geschmückte Schlange, die Sieg und Anerkennung symbolisiert.
- Schlüsselwörter: Sieg, Anerkennung, Erfolg.

7.Sieben der Stäbe - Trotzige Schlange

- Beschreibung: Eine Schlange, die ihren Standpunkt verteidigt und Verteidigung und Widerstandsfähigkeit repräsentiert.
- Schlüsselwörter: Verteidigung, Widerstandsfähigkeit, Herausforderung.

8.Acht der Stäbe - Schnelle Schlangen

- Beschreibung: Acht Schlangen, die sich schnell bewegen und rasche Aktion und Bewegung symbolisieren.
- Schlüsselwörter: Geschwindigkeit, Aktion, Fortschritt.

9.Neun der Stäbe - Verwundete Schlange

- Beschreibung: Eine Schlange mit Narben, die Ausdauer und Widerstandsfähigkeit repräsentiert.
- Schlüsselwörter: Widerstandsfähigkeit, Ausdauer, Verteidigung.

10.Zehn der Stäbe - Belastete Schlange

- Beschreibung: Eine Schlange, die schwere Lasten trägt und Verantwortung und Stress symbolisiert.
- Schlüsselwörter: Last, Verantwortung, Erschöpfung.

11.Bube der Stäbe - Junge Schlange

- Beschreibung: Eine junge, neugierige Schlange, die Begeisterung und Entdeckung symbolisiert.
- Schlüsselwörter: Begeisterung, Entdeckung, Potential.

12.Ritter der Stäbe - Feurige Schlange

- Beschreibung: Eine Schlange mit Flammen, die Aktion und Abenteuer repräsentiert.
- Schlüsselwörter: Aktion, Abenteuer, Mut.

13.Königin der Stäbe - Königs-Schlange

- Beschreibung: Eine Schlange mit einer Krone, die Selbstbewusstsein und Entschlossenheit symbolisiert.
- Schlüsselwörter: Selbstbewusstsein, Entschlossenheit, Führung.

14.König der Stäbe - Souveräne Schlange

- Beschreibung: Eine majestätische Schlange, die Autorität und Vision repräsentiert.
- Schlüsselwörter: Autorität, Vision, Führung.

Kelche (Wasser) Thema: Emotionen, Beziehungen und Intuition.

1. Ass der Kelche - Wasserschlange

- Beschreibung: Eine Schlange, die aus einem Kelch hervorkommt, und neue emotionale Anfänge symbolisiert.
- Schlüsselwörter: Neue Emotionen, Intuition, Anfänge.

2.Zwei der Kelche - Liebende Schlangen

- Beschreibung: Zwei ineinander verschlungene Schlangen, die Vereinigung und Partnerschaften repräsentieren.
- Schlüsselwörter: Vereinigung, Partnerschaft, Harmonie.

3.Drei der Kelche - Feiernde Schlangen

- Beschreibung: Drei Schlangen in einem freudigen Tanz, die Freundschaft und Feier symbolisieren.
- Schlüsselwörter: Feier, Freundschaft, Freude.

4.Vier der Kelche - Nachdenkliche Schlange

- Beschreibung: Eine tief nachdenkliche Schlange, die Introspektion und Unzufriedenheit repräsentiert.
- Schlüsselwörter: Kontemplation, Unzufriedenheit, Apathie.

5.Fünf der Kelche - Trauernde Schlange

- Beschreibung: Eine trauernde Schlange, die Verlust und Kummer symbolisiert.
- Schlüsselwörter: Verlust, Kummer, Trauer.

6.Sechs der Kelche - Nostalgische Schlange

- Beschreibung: Eine verspielt wirkende Schlange, die Nostalgie und Erinnerungen repräsentiert.
- Schlüsselwörter: Nostalgie, Erinnerungen, Unschuld.

7.Sieben der Kelche - Träumende Schlange

- Beschreibung: Eine Schlange umgeben von traumartigen Bildern, die Entscheidungen und Illusionen symbolisiert.
- Schlüsselwörter: Entscheidungen, Illusionen, Träume.

8.Acht der Kelche - Verlassende Schlange

- Beschreibung: Eine Schlange, die ihr Zuhause verlässt und Verlassenheit und neue Richtungen repräsentiert.
- Schlüsselwörter: Abreise, Veränderung, Suche.

9.Neun der Kelche - Zufriedene Schlange

- Beschreibung: Eine zufriedene Schlange, umgeben von Kelchen, die Zufriedenheit und Erfüllung symbolisiert.
- Schlüsselwörter: Zufriedenheit, Erfüllung, Wünsche.

10.Zehn der Kelche - Harmonische Schlangen

- Beschreibung: Eine Familie von Schlangen, die Glück und emotionale Erfüllung symbolisiert.
- Schlüsselwörter: Glück, Erfüllung, Harmonie.

11.Bube der Kelche - Träumende Schlange

- Beschreibung: Eine Schlange mit einem träumerischen Ausdruck, die Kreativität und Intuition repräsentiert.
- Schlüsselwörter: Kreativität, Intuition, Neugier.

12.Ritter der Kelche - Suchende Schlange

- Beschreibung: Eine Schlange auf einer Reise, die Romantik und Idealismus symbolisiert.
- Schlüsselwörter: Romantik, Idealismus, Suche.

13.Königin der Kelche - Mitfühlende Schlange

- Beschreibung: Eine fürsorgliche Schlange, die Empathie und emotionale Tiefe repräsentiert.
- Schlüsselwörter: Empathie, Mitgefühl, Intuition.

14.König der Kelche - Weise Schlange

- Beschreibung: Eine Schlange mit einem ruhigen Verhalten, die emotionales Gleichgewicht und Weisheit symbolisiert.
- Schlüsselwörter: Emotionales Gleichgewicht, Weisheit, Diplomatie.

Schwerter (Luft) Thema: Intellekt, Konflikt und Herausforderungen.

1. Ass der Schwerter - Windschlange

- Beschreibung: Eine Schlange, die durch die Luft schneidet, symbolisiert Klarheit und neue Ideen.
- Schlüsselwörter: Klarheit, Ideen, Durchbrüche.

2.Zwei der Schwerter - Ausgeglichene Schlange

- Beschreibung: Eine Schlange in einer ausgeglichenen Haltung, die Entscheidungen und Pattsituationen repräsentiert.
- Schlüsselwörter: Entscheidungen, Pattsituation, Balance.

3.Drei der Schwerter - Gebrochene Schlange

- Beschreibung: Eine von drei Schwertern durchbohrte Schlange, die Herzschmerz und Kummer symbolisiert.
- Schlüsselwörter: Herzschmerz, Kummer, Trauer.

4.Vier der Schwerter - Ruhende Schlange

- Beschreibung: Eine Schlange in Ruhe, die Erholung und Genesung repräsentiert.
- Schlüsselwörter: Ruhe, Genesung, Meditation.

5.Fünf der Schwerter - Besiegte Schlange

- Beschreibung: Eine besiegte Schlange, die Konflikt und Verlust symbolisiert.
- Schlüsselwörter: Konflikt, Verlust, Niederlage.

6.Sechs der Schwerter - Reisende Schlange

- Beschreibung: Eine Schlange auf einem Boot, die Übergang und Veränderung repräsentiert.
- Schlüsselwörter: Übergang, Veränderung, Reise.

7.Sieben der Schwerter - Listige Schlange

- Beschreibung: Eine listige Schlange, die Täuschung und Strategie symbolisiert.
- Schlüsselwörter: Täuschung, Strategie, List.

8.Acht der Schwerter - Gebundene Schlange

- Beschreibung: Eine in Fesseln gewickelte Schlange, die Einschränkung und Begrenzungen repräsentiert.
- Schlüsselwörter: Einschränkung, Begrenzungen, Gefangenschaft.

9.Neun der Schwerter - Ängstliche Schlange

- Beschreibung: Eine von Schatten umgebene Schlange, die Angst und Albträume symbolisiert.
- Schlüsselwörter: Angst, Albträume, Verzweiflung.

10. Zehn der Schwerter - Gefallene Schlange

- Beschreibung: Eine von zehn Schwertern durchbohrte Schlange, die Verrat und Enden symbolisiert.
- Schlüsselwörter: Verrat, Enden, Niederlage.

11. Bube der Schwerter - Wachende Schlange

- Beschreibung: Eine wachsame Schlange, die Neugier und Aufmerksamkeit repräsentiert.
- Schlüsselwörter: Neugier, Wachsamkeit, Intellekt.

12. Ritter der Schwerter - Schnelle Schlange

- Beschreibung: Eine sich schnell bewegende Schlange, die Aktion und Entschlossenheit symbolisiert.
- Schlüsselwörter: Aktion, Entschlossenheit, Tapferkeit.

13. Königin der Schwerter - Scharfe Schlange

- Beschreibung: Eine schlauäugige Schlange, die Wahrnehmung und Unabhängigkeit repräsentiert.
- Schlüsselwörter: Wahrnehmung, Unabhängigkeit, Klarheit.

14. König der Schwerter - Gerechte Schlange

- Beschreibung: Eine königliche Schlange, die Autorität und Intellekt symbolisiert.
- Schlüsselwörter: Autorität, Intellekt, Wahrheit.

Münzen (Erde) Thema: Materielle Aspekte, Stabilität und Wohlstand.

1. Ass der Münzen - Erdschlange

- Beschreibung: Eine Schlange, die aus der Erde hervorkommt, und neue Chancen und materielle Anfänge symbolisiert.
- Schlüsselwörter: Gelegenheit, Wohlstand, neue Anfänge.

2.Zwei der Münzen - Balancierende Schlange

- Beschreibung: Eine Schlange, die zwei Münzen balanciert und Gleichgewicht und Anpassungsfähigkeit repräsentiert.
- Schlüsselwörter: Gleichgewicht, Anpassungsfähigkeit, Multitasking.

3.Drei der Münzen - Kollaborative Schlangen

- Beschreibung: Drei zusammenarbeitende Schlangen, die Teamarbeit und Zusammenarbeit symbolisieren.
- Schlüsselwörter: Teamarbeit, Zusammenarbeit, Fertigkeit.

4.Vier der Münzen - Wächter-Schlange

- Beschreibung: Eine Schlange, die ihren Schatz bewacht und Sicherheit und Kontrolle repräsentiert.
- Schlüsselwörter: Sicherheit, Kontrolle, Besitz.

5.Fünf der Münzen - Kämpfende Schlange

- Beschreibung: Eine Schlange in einer trostlosen Landschaft, die Not und Verlust symbolisiert.
- Schlüsselwörter: Not, Verlust, Kampf.

6.Sechs der Münzen - Großzügige Schlange

- Beschreibung: Eine Schlange, die ihren Reichtum teilt und Großzügigkeit und Wohltätigkeit repräsentiert.
- Schlüsselwörter: Großzügigkeit, Wohltätigkeit, Teilen.

7.Sieben der Münzen - Geduldige Schlange

- Beschreibung: Eine Schlange, die ihr wachsendes Garten beobachtet und Geduld und Ausdauer symbolisiert.
- Schlüsselwörter: Geduld, Ausdauer, Bewertung.

8.Acht der Münzen - Fleißige Schlange

- Beschreibung: Eine Schlange, die fleißig arbeitet und Fertigkeit und harte Arbeit repräsentiert.
- Schlüsselwörter: Fertigkeit, Fleiß, Handwerkskunst.

9.Neun der Münzen - Abundante Schlange

- Beschreibung: Eine Schlange in einem üppigen Garten, die Selbstgenügsamkeit und Luxus symbolisiert.
- Schlüsselwörter: Selbstgenügsamkeit, Luxus, Leistung.

10. Zehn der Münzen - Erbschlangen

- Beschreibung: Eine Familie von Schlangen, die Vermächtnis und langfristigen Erfolg symbolisiert.
- Schlüsselwörter: Vermächtnis, Erfolg, Familie.

11. Bube der Münzen - Fleißige Schlange

- Beschreibung: Eine junge Schlange, die eine Münze studiert und Ehrgeiz und Lernen repräsentiert.
- Schlüsselwörter: Ehrgeiz, Lernen, Gelegenheit.

12. Ritter der Münzen - Zuverlässige Schlange

- Beschreibung: Eine stetig voranschreitende Schlange, die Zuverlässigkeit und Beharrlichkeit symbolisiert.
- Schlüsselwörter: Zuverlässigkeit, Beharrlichkeit, harte Arbeit.

13. Königin der Münzen - Fürsorgliche Schlange

- Beschreibung: Eine fürsorgliche Schlange, die Praktikabilität und Pflege repräsentiert.
- Schlüsselwörter: Praktikabilität, Pflege, Fürsorge.

14. König der Münzen - Wohlhabende Schlange

- Beschreibung: Eine wohlhabende Schlange, die Reichtum und Stabilität symbolisiert.
- Schlüsselwörter: Reichtum, Stabilität, Führung.

<u>French Edition</u>
Arcanes Majeurs (22 Cartes)

1. **Le Fou - Ouroboros**
- ○ Description: L'Ouroboros, un serpent se mordant la queue, représente le cycle de la vie, de la mort et de la renaissance. Il signifie de nouveaux commencements et la boucle infinie de l'existence.
- ○ Mots-clés: Commencements, innocence, spontanéité, un saut de foi.

2. **Le Magicien - Naga**
- ○ Description: Le Naga, une puissante divinité serpent, symbolise la maîtrise, la transformation et la capacité à exploiter les pouvoirs spirituels et terrestres.
- ○ Mots-clés: Manifestation, ingéniosité, pouvoir, action inspirée.

3. **La Grande Prêtresse - Quetzalcoatl**
- ○ Description: Quetzalcoatl, le dieu serpent à plumes, représente la sagesse, le mystère et l'esprit subconscient.
- ○ Mots-clés: Intuition, connaissance inconsciente, secrets, féminin divin.

4. **L'Impératrice - Serpent Arc-en-ciel**
- ○ Description: Le Serpent Arc-en-ciel, une divinité créatrice dans la mythologie aborigène, symbolise la fertilité, l'abondance et l'aspect nourricier de la nature.
- ○ Mots-clés: Fertilité, nature, abondance, soins maternels.

5.L'Empereur - Jörmungandr

- ◦ Description: Jörmungandr, le Serpent de Midgard, représente l'autorité, la structure et la force équilibrante entre le chaos et l'ordre.
- ◦ Mots-clés: Autorité, structure, contrôle, figure paternelle.

6.Le Hiérophante - Gorgone

- ◦ Description: La Gorgone, une créature mythique avec des cheveux de serpents, signifie la tradition, l'autorité spirituelle et le lien entre le divin et le mortel.
- ◦ Mots-clés: Tradition, conformité, moralité, guidance spirituelle.

7.Les Amoureux - Amphisbaena

- ◦ Description: L'Amphisbaena, un serpent avec une tête à chaque extrémité, symbolise la dualité, l'union et l'interconnexion des opposés.
- ◦ Mots-clés: Amour, union, relations, choix.

8.Le Chariot - Hydra

- ◦ Description: L'Hydra, un serpent à plusieurs têtes, représente la détermination, la victoire et le dépassement des obstacles par la résilience.
- ◦ Mots-clés: Victoire, volonté, détermination, surmonter les défis.

9.La Force - Basilic

- ◦ Description: Le Basilic, un serpent au regard mortel, symbolise la force intérieure, le courage et la puissance pour affronter les peurs.
- ◦ Mots-clés: Courage, force, contrôle, patience.

10.L'Hermite - Séraphins

- ◦ Description: Les Séraphins, serpents ardents dans les textes bibliques, représentent l'introspection, l'illumination spirituelle et la recherche de la vérité intérieure.
- ◦ Mots-clés: Introspection, solitude, sagesse, guidance intérieure.

11.La Roue de la Fortune - Ananta

- ◦ Description: Ananta, le serpent infini, signifie la nature cyclique de la vie et la roue du destin qui tourne sans cesse.
- ◦ Mots-clés: Changement, cycles, destin, fortune.

12.La Justice - Níðhöggr

- ◦ Description: Níðhöggr, le serpent qui ronge les racines d'Yggdrasil, représente l'équilibre, la justice et les conséquences des actions.
- ◦ Mots-clés: Justice, équité, vérité, loi.

13.Le Pendu - Ketu

- ○ Description: Ketu, la queue du serpent céleste Rahu-Ketu, symbolise le sacrifice, l'illumination et de nouvelles perspectives.
- ○ Mots-clés: Suspension, sacrifice, lâcher prise, nouvelles perspectives.

14.La Mort - Nehebkau

- ○ Description: Nehebkau, l'incarnation du chaos et de l'obscurité, représente la transformation, les fins et le cycle de la destruction et de la renaissance.
- ○ Mots-clés: Fins, transformation, changement, transition.

15.Tempérance - Wadjet

- ○ Description: Wadjet, la déesse cobra protectrice, signifie l'équilibre, l'harmonie et la fusion des opposés.
- ○ Mots-clés: Équilibre, modération, harmonie, patience.

16.Le Diable - Typhon

- ○ Description: Typhon, le dieu serpent monstrueux, représente l'esclavage, la tentation et les aspects sombres de la nature humaine.
- ○ Mots-clés: Esclavage, addiction, matérialisme, ombre de soi.

17.La Tour - Léviathan

- ◦ Description: Léviathan, le serpent de mer du chaos, signifie le bouleversement soudain, la destruction et la rupture des anciennes structures.
- ◦ Mots-clés: Bouleversement, chaos, révélation, éveil.

18.L'Étoile - Nagini

- ◦ Description: Nagini, un serpent mythique de la mythologie orientale, symbolise l'espoir, l'inspiration et la guidance divine.
- ◦ Mots-clés: Espoir, inspiration, sérénité, foi.

19.La Lune - Apophis

- ◦ Description: Apophis représente l'intuition, les rêves et les royaumes cachés du subconscient.
- ◦ Mots-clés: Illusion, peur, anxiété, subconscient.

20.Le Soleil - Aido-Hwedo

- ◦ Description: Aido-Hwedo, le serpent arc-en-ciel de la création, signifie la joie, la vitalité et l'énergie vitale du soleil.
- ◦ Mots-clés: Joie, succès, vitalité, positivité.

21. Le Jugement - Shesha

- ◦ Description: Shesha, le serpent cosmique qui soutient l'univers, représente la résurrection, l'appel intérieur et le jugement final.
- ◦ Mots-clés: Renaissance, jugement, appel intérieur, absolution.

22. Le Monde - Tiamat

- ◦ Description: Tiamat, la déesse serpent primordiale, symbolise l'achèvement, l'unité et la culmination de tous les cycles.
- ◦ Mots-clés: Achèvement, accomplissement, voyage, intégration.

Arcanes Mineurs (56 Cartes)

Bâtons (Feu) Thème: Action, inspiration et créativité.

1. As de Bâtons - Serpent de Feu

- Description: Représente de nouveaux commencements et une inspiration créative, allumant l'étincelle du potentiel.
- Mots-clés: Inspiration, nouveaux commencements, potentiel.

2.Deux de Bâtons - Serpents Jumeaux

- Description: Dépeint deux serpents entrelacés, symbolisant la planification et les décisions.
- Mots-clés: Planification, décisions, progrès.

3.Trois de Bâtons - Serpent Solaire

- Description: Un serpent se prélassant au soleil, représentant l'expansion et la prévoyance.
- Mots-clés: Expansion, prévoyance, opportunités.

4.Quatre de Bâtons - Serpent Salamandre

- Description: Des serpents salamandres célébrant, symbolisant l'harmonie et les célébrations.
- Mots-clés: Harmonie, célébration, retour à la maison.

5.Cinq de Bâtons - Serpents Combattants

- Description: Cinq serpents en conflit, représentant la compétition et les luttes.
- Mots-clés: Compétition, conflit, tension.

6.Six de Bâtons - Serpent Victorieux

- Description: Un serpent orné de lauriers, symbolisant la victoire et la reconnaissance.
- Mots-clés: Victoire, reconnaissance, succès.

7.Sept de Bâtons - Serpent Défiant

- Description: Un serpent tenant sa position, représentant la défense et la résilience.
- Mots-clés: Défense, résilience, défi.

8.Huit de Bâtons - Serpents Rapides

- Description: Huit serpents se déplaçant rapidement, symbolisant une action rapide et un mouvement.
- Mots-clés: Vitesse, action, progrès.

9.Neuf de Bâtons - Serpent Blessé

- Description: Un serpent avec des cicatrices, représentant la persistance et la résilience.
- Mots-clés: Résilience, persistance, défense.

10.Dix de Bâtons - Serpent Accablé

- ◦ Description: Un serpent portant de lourdes charges, symbolisant la responsabilité et le stress.
- ◦ Mots-clés: Fardeau, responsabilité, épuisement.

11.Valet de Bâtons - Jeune Serpent

- ◦ Description: Un jeune serpent curieux, symbolisant l'enthousiasme et la découverte.
- ◦ Mots-clés: Enthousiasme, découverte, potentiel.

12.Chevalier de Bâtons - Serpent Enflammé

- ◦ Description: Un serpent avec des flammes, représentant l'action et l'aventure.
- ◦ Mots-clés: Action, aventure, courage.

13.Reine de Bâtons - Serpent Royal

- ◦ Description: Un serpent avec une couronne, symbolisant la confiance et la détermination.
- ◦ Mots-clés: Confiance, détermination, leadership.

14.Roi de Bâtons - Serpent Souverain

- ◦ Description: Un serpent majestueux, représentant l'autorité et la vision.
- ◦ Mots-clés: Autorité, vision, leadership.

Coupe (Eau) Thème: Émotions, relations et intuition.

1. As de Coupes - Serpent d'Eau

- Description: Un serpent émergeant d'une coupe, symbolisant de nouveaux commencements émotionnels.
- Mots-clés: Nouvelles émotions, intuition, commencements.

2.Deux de Coupes - Amoureux Serpentins

- Description: Deux serpents entrelacés, représentant l'union et les partenariats.
- Mots-clés: Union, partenariat, harmonie.

3.Trois de Coupes - Serpents Célébrants

- Description: Trois serpents dans une danse joyeuse, symbolisant l'amitié et la célébration.
- Mots-clés: Célébration, amitié, joie.

4.Quatre de Coupes - Serpent Contemplatif

- Description: Un serpent en profonde réflexion, représentant l'introspection et le mécontentement.
- Mots-clés: Contemplation, mécontentement, apathie.

5.Cinq de Coupes - Serpent en Deuil

- Description: Un serpent en deuil, symbolisant la perte et le chagrin.
- Mots-clés: Perte, chagrin, tristesse.

6.Six de Coupes - Serpent Nostalgique

- Description: Un serpent au comportement ludique, représentant la nostalgie et les souvenirs.
- Mots-clés: Nostalgie, souvenirs, innocence.

7.Sept de Coupes - Serpent Rêveur

- Description: Un serpent entouré d'images oniriques, symbolisant les choix et les illusions.
- Mots-clés: Choix, illusions, rêves.

8.Huit de Coupes - Serpent Partant

- Description: Un serpent quittant son foyer, représentant l'abandon et de nouvelles directions.
- Mots-clés: Départ, changement, quête.

9.Neuf de Coupes - Serpent Satisfait

- Description: Un serpent content entouré de coupes, symbolisant la satisfaction et l'accomplissement.
- Mots-clés: Satisfaction, accomplissement, souhaits.

10. Dix de Coupes - Serpents Harmonieux

- Description: Une famille de serpents, symbolisant le bonheur et l'accomplissement émotionnel.
- Mots-clés: Bonheur, accomplissement, harmonie.

11. Valet de Coupes - Serpent Rêveur

- Description: Un serpent avec une expression rêveuse, représentant la créativité et l'intuition.
- Mots-clés: Créativité, intuition, curiosité.

12. Chevalier de Coupes - Serpent en Quête

- Description: Un serpent en voyage, symbolisant la romance et l'idéalisme.
- Mots-clés: Romance, idéalisme, quête.

13. Reine de Coupes - Serpent Compatissant

- Description: Un serpent nourricier, représentant l'empathie et la profondeur émotionnelle.
- Mots-clés: Empathie, compassion, intuition.

14. Roi de Coupes - Serpent Sage

- Description: Un serpent au comportement calme, symbolisant l'équilibre émotionnel et la sagesse.
- Mots-clés: Équilibre émotionnel, sagesse, diplomatie.

Épées (Air) Thème: Intellect, conflit et défis.

1. As d'Épées - Serpent de Vent

- Description: Un serpent tranchant l'air, symbolisant la clarté et de nouvelles idées.
- Mots-clés: Clarté, idées, percées.

2.Deux d'Épées - Serpent Équilibré

- Description: Un serpent dans une posture équilibrée, représentant les décisions et les impasses.
- Mots-clés: Décisions, impasse, équilibre.

3.Trois d'Épées - Serpent au Cœur Brisé

- Description: Un serpent transpercé par trois épées, symbolisant le chagrin et la tristesse.
- Mots-clés: Chagrin, tristesse, peine.

4.Quatre d'Épées - Serpent au Repos

- Description: Un serpent en repos, représentant le repos et la récupération.
- Mots-clés: Repos, récupération, méditation.

5.Cinq d'Épées - Serpent Vaincu

- Description: Un serpent en défaite, symbolisant le conflit et la perte.
- Mots-clés: Conflit, perte, défaite.

6.Six d'Épées - Serpent en Voyage

- Description: Un serpent sur un bateau, représentant la transition et le changement.
- Mots-clés: Transition, changement, voyage.

7.Sept d'Épées - Serpent Rusé

- Description: Un serpent rusé, symbolisant la tromperie et la stratégie.
- Mots-clés: Tromperie, stratégie, ruse.

8.Huit d'Épées - Serpent Lié

- Description: Un serpent enroulé dans des liens, représentant la restriction et les limitations.
- Mots-clés: Restriction, limitations, captivité.

9.Neuf d'Épées - Serpent Anxieux

- Description: Un serpent entouré d'ombres, symbolisant l'anxiété et les cauchemars.
- Mots-clés: Anxiété, cauchemars, désespoir.

10.Dix d'Épées - Serpent Abattu

- ◦ Description: Un serpent transpercé par dix épées, symbolisant la trahison et les fins.
- ◦ Mots-clés: Trahison, fins, défaite.

11.Valet d'Épées - Serpent Vigilant

- ◦ Description: Un serpent attentif, représentant la curiosité et la vigilance.
- ◦ Mots-clés: Curiosité, vigilance, intellect.

12.Chevalier d'Épées - Serpent Rapide

- ◦ Description: Un serpent en mouvement rapide, symbolisant l'action et la détermination.
- ◦ Mots-clés: Action, détermination, bravoure.

13.Reine d'Épées - Serpent Tranchant

- ◦ Description: Un serpent au regard perçant, représentant la perception et l'indépendance.
- ◦ Mots-clés: Perception, indépendance, clarté.

14.Roi d'Épées - Serpent Juste

- ◦ Description: Un serpent royal, symbolisant l'autorité et l'intellect.
- ◦ Mots-clés: Autorité, intellect, vérité.

Pentacles (Terre) Thème: Aspects matériels, stabilité et prospérité.

1. As de Pentacles - Serpent de Terre

- Description: Un serpent émergeant de la terre, symbolisant de nouvelles opportunités et des commencements matériels.
- Mots-clés: Opportunité, prospérité, nouveaux commencements.

2.Deux de Pentacles - Serpent Équilibrant

- Description: Un serpent équilibrant deux pentacles, représentant l'équilibre et l'adaptabilité.
- Mots-clés: Équilibre, adaptabilité, multitâche.

3.Trois de Pentacles - Serpents Collaboratifs

- Description: Trois serpents travaillant ensemble, symbolisant le travail d'équipe et la collaboration.
- Mots-clés: Travail d'équipe, collaboration, compétence.

4.Quatre de Pentacles - Serpent Gardien

- Description: Un serpent gardant son trésor, représentant la sécurité et le contrôle.
- Mots-clés: Sécurité, contrôle, possession.

5.Cinq de Pentacles - Serpent en Difficulté

- Description: Un serpent dans un paysage désolé, symbolisant la difficulté et la perte.
- Mots-clés: Difficulté, perte, lutte.

6.Six de Pentacles - Serpent Généreux

- Description: Un serpent partageant sa richesse, représentant la générosité et la charité.
- Mots-clés: Générosité, charité, partage.

7.Sept de Pentacles - Serpent Patient

- Description: Un serpent observant la croissance de son jardin, symbolisant la patience et la persévérance.
- Mots-clés: Patience, persévérance, évaluation.

8.Huit de Pentacles - Serpent Diligent

- Description: Un serpent travaillant assidûment, représentant la compétence et le travail acharné.
- Mots-clés: Compétence, diligence, artisanat.

9.Neuf de Pentacles - Serpent Abondant

- Description: Un serpent dans un jardin luxuriant, symbolisant l'autosuffisance et le luxe.
- Mots-clés: Autosuffisance, luxe, accomplissement.

10. Dix de Pentacles - Serpents de l'Héritage

- Description: Une famille de serpents, symbolisant l'héritage et le succès à long terme.
- Mots-clés: Héritage, succès, famille.

11. Valet de Pentacles - Serpent Studieux

- Description: Un jeune serpent étudiant un pentacle, représentant l'ambition et l'apprentissage.
- Mots-clés: Ambition, apprentissage, opportunité.

12. Chevalier de Pentacles - Serpent Fiable

- Description: Un serpent avançant régulièrement, symbolisant la fiabilité et la persistance.
- Mots-clés: Fiabilité, persistance, travail acharné.

13. Reine de Pentacles - Serpent Nourricier

- Description: Un serpent nourricier, représentant la praticité et le soin.
- Mots-clés: Praticité, soin, alimentation.

14. Roi de Pentacles - Serpent Prospère

- Description: Un serpent prospère, symbolisant la richesse et la stabilité.
- Mots-clés: Richesse, stabilité, leadership.